The triplets

My First Picture
Dictionary

Polish-English

Illustrations: From the original drawings of Roser Capdevila
Text: Isabel Carril

CONTENTS

My First Picture
Dictionary

Polish-English

This picture dictionary introduces children to the marvellous world of words with colourful illustrations and simple translations.

Words are the key to a child's understanding of the world, and a sound acquisition of first words lays the foundations of successful language learning.

Learning is kept fun as children are guided through the pages of this picture dictionary by recurrent characters – young triplets. Children acquire new vocabulary and use their skills of observation, while they get to know the triplets' family, friends and school.

Parents can also suggest games to play, from searching for individual objects as well as the triplets in the larger illustrations, to answering the questions asked in the first and final pages of each chapter.

The games on the opening spread of each chapter are designed to introduce children to the chapter's theme. For example, in Family and friends, readers search the illustration for characters with particular attributes: tall, short, blond...

In the last spread of each chapter, words are introduced to explain how they are used to form sentences. For example, the final spread of Family and friends features words related to the expression "Who is it?" and "What are they doing?". Children can respond to these questions out loud, search for answers in the big illustrations throughout the chapter, and even use them to construct their own sentences.

Children will really enjoy expanding their vocabulary with this picture dictionary – and parents and teachers can join them in exploring the fascinating world of words.

Rodzina i przyjaciele
Family and friends

Znajć takiego który jest...
Find someone who is...

WYSOKI
TALL

NISKI
SHORT

TĘGI
STOUT

CHUDY
THIN

Znajć takiego który ma...
Find someone who has...

WŁOSY BLOND
BLOND HAIR

WŁOSY CIEMNE
DARK HAIR

WŁOSY DŁUGIE
LONG HAIR

WŁOSY KRÓTKIE
SHORT HAIR

WŁOSY PROSTE
STRAIGHT HAIR

WŁOSY KRĘCONE
CURLY HAIR

Nasza rodzina
Our family

DZIADEK
GRANDFATHER

BABCIA
GRANDMOTHER

OJCIEC
FATHER

MATKA
MOTHER

SYN
SON

CÓRKA
DAUGHTER

BRACIA
BROTHERS

SIOSTRA
SISTER

WNUCZEK
GRANDSON

WNUCZKA
GRANDDAUGHTER

KUZYN
COUSIN

KUZYNKA
COUSIN

DZIECKO
BABY

BLIŹNIACZKI
TWINS

KSYLOFON
XYLOPHONE

TAMBURYN
TAMBOURINE

PIANINO
PIANO

SKRZYPCE
VIOLIN

TRĄBKA
TRUMPET

GITARA
GUITAR

BĘBEN
DRUM

ŻARÓWKA
BULB

ZNUDZONA
BORED

ŚMIESZNY
FUNNY

SMUTNY
SAD

WESOŁY
HAPPY

ZMĘCZONY
TIRED

CONFETTI
CONFETTI

Nasi przyjaciele
Our friends

PIŁKOWY BASEN
BALL POOL

KRĘGLE
SKITTLES

GRA "LUDO"
LUDO

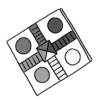

PUZLE
JIGSAW PUZZLE

KUKIEŁKA
PUPPET

ŚWIECZKI
CANDLES

HULAJNOGA
SCOOTER

CIASTECZKA
BUNS

KLOCKI
BUILDING BLOCKS

KARTY
CARDS

ZAMEK
CASTLE

DESKOROLKA
SKATEBOARD

GRA KOMPUTEROWA
COMPUTER GAME

LALKI
DOLLS

NAPOJE
SOFT DRINKS

ROBOT
ROBOT

BALON
BALLOON

ROWEREK NA TRZECH KOŁKACH
TRICYCLE

PRZYJACIELE
FRIENDS

KOSTIUM MASKARADOWY
FANCY DRESS

BOSO
BAREFOOT

Z BUTAMI
WEARING SHOES

STATEK PIRACKI
PIRATE SHIP

FLAGA
FLAG

TORT
CAKE

KUCHENKA DO ZABAWY
TOY KITCHEN

CZYSTY
CLEAN

BRUDNY
DIRTY

Rodzina i przyjaciele
Family and friends

WUJEK
UNCLE

CIOCIA
AUNT

BRATANEK
NEPHEW

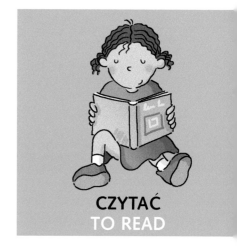

SIOSTRZENICA
NIECE

POCAŁOWAĆ
TO KISS

CZYTAĆ
TO READ

ROZMAWIAĆ
TO TALK

KRZYCZEĆ
TO SHOUT

UŚCISNĄĆ
TO HUG

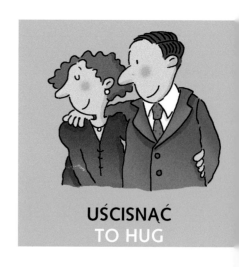

Który czy to?
Who is it?

Co czynić oni czynić?
What do they do?

WOBEC PIEŚCIĆ
TO CARESS

WOBEC WIWATOWAĆ
TO APPLAUD

WOBEC TANIEC
TO DANCE

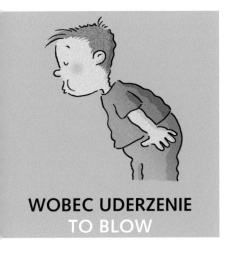

WOBEC UDERZENIE
TO BLOW

WOBEC STAĆ SIĘ PŁATNYM
TO FALL

WOBEC WIĘŹ
TO TIE

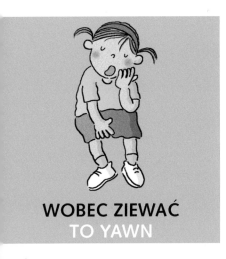

WOBEC ZIEWAĆ
TO YAWN

WOBEC ZAŚPIEWAĆ
TO SING

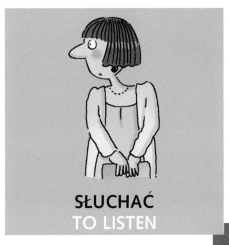

SŁUCHAĆ
TO LISTEN

Dom
The house

Gdzie jest obrazek?
Where is each picture?

Czy po prawej czy po lewej stronie trojaczków?
Is it to the right or to the left of the triplets?

OKNO
WINDOW

ŻALUZJA
BLIND

BALKON
BALCONY

KOMIN
CHIMNEY

SĄSIAD
NEIGHBOUR

DRZWI
DOOR

RYNNA
PIPE

PŁOT
FENCE

SCHODY
STEPS

Nasz pokój dzienny
Our dining-living room

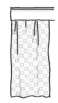

ZASŁONA
CURTAIN

KSIĄŻKA
BOOK

LAMPA
LAMP

OBRUS
TABLECLOTH

SERWETKA
NAPKIN

KIELISZEK
GLASS

BIBLIOTECZKA
BOOKSHELF

FLAKON
VASE

FOTEL
ARMCHAIR

DVD
DVD

FIRANKA
NET CURTAIN

OBRAZ
PICTURE

TELEWIZOR
TELEVISION

KANAPA
SOFA

WTYCZKA
PLUG

DZBANEK
JUG

DYWANIK
RUG

HI-FI
HI-FI

TALERZ
PLATE

TELEFON
TELEPHONE

PODŁOGA
FLOOR

NÓŻ
KNIFE

WIDELEC
FORK

BUTELKA
BOTTLE

ZEGAR
CLOCK

GŁOŚNIK
SPEAKER

SOLNICZKA
SALTCELLAR

SUFIT
CEILING

Nasza sypialnia
Our bedroom

SPÓDNICA
SKIRT

MAJTKI DAMSKIE
KNICKERS

KOŁDRA
EIDERDOWN

SZUFLADA
DRAWER

ŻAKIET
JACKET

SZLAFROK
DRESSING GOWN

PIŻAMA
PYJAMAS

KOSZULA NOCNA
NIGHTDRESS

ŁÓŻKA PIĘTROWE
BUNK BEDS

SWETER
JUMPER

SUKIENKA
DRESS

SZAFA
WARDROBE

BIURKO
DESK

MAJTKI MĘSKIE
UNDERPANTS

ŁÓŻECZKO
COT

SKARPETKI
SOCKS

KOC
BLANKET

ZAMEK
ZIP

GUZIK
BUTTON

SPODNIE
TROUSERS

KOSZULKA Z KRÓTKIMI RĘKAWAMI
T-SHIRT

WIESZAK
HANGER

BUCIKI
BOOTS

BUTY SPORTOWE
TRAINERS

PANTOFLE
SLIPPERS

BUTY
SHOES

PRZEŚCIERADŁO
SHEET

PODUSZKA
PILLOW

17

Nasza kuchnia
Our kitchen

KUCHENKA
COOKER

TACA
TRAY

PATELNIA
FRYING PAN

LODÓWKA
FRIDGE

MIĘSO
MEAT

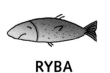

RYBA
FISH

OWOCE
FRUIT

CEDZAK
COLANDER

CUKIERNICZKA
SUGAR BOWL

JOGURT
YOGURT

PIEC
OVEN

KUCHENKA MIKROFALOWA
MICROWAVE

WIADRO NA ŚMIEĆI
RUBBISH BIN

DZBANEK DO KAWY
COFFEE POT

GARNEK
POT

SZCZOTKA
BRUSH

ZLEW
SINK

KRAN
TAP

ZMYWARKA
DISHWASHER

ZAMRAŻARKA
FREEZER

PRALKA
WASHING MACHINE

JARZYNY
VEGETABLES

MLEKO
MILK

PŁATKI
CEREAL

CZEKOLADA
CHOCOLATE

CHLEB
BREAD

HERBATNIK
BISCUIT

SOK
JUICE

Nasza łazienka
Our bathroom

RĘKA
ARM

ŁOKIEĆ
ELBOW

DŁOŃ
HAND

PALEC
FINGER

KOLANO
KNEE

RAMIĘ
SHOULDER

PIERŚ
BREAST

PLECY
BACK

NOGA
LEG

STOPA
FOOT

KOSTKA
ANKLE

PUPA
BOTTOM

CZOŁO
FOREHEAD

OKO
EYE

PAPIER TOALETOWY
TOILET PAPER

PASTA DO ZĘBÓW
TOOTHPASTE

UMYWALKA
WASHBASIN

TOALETA
TOILET

GĄBKA
SPONGE

MYDŁO
SOAP

WIESZAK NA RĘCZNIK
TOWEL RACK

WANNA
BATH

NOS
NOSE

UCHO
EAR

BUZIA
MOUTH

ZĘBY
TEETH

JĘZYK
TONGUE

SZYJA
NECK

Dom
The house

GRZEBIEŃ
COMB

ŻELAZKO
IRON

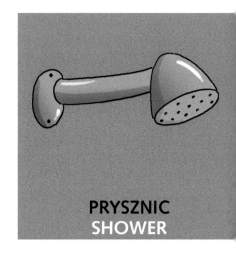

PRYSZNIC
SHOWER

ŁYŻKA
SPOON

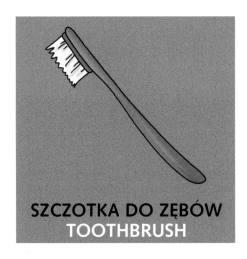

SZCZOTKA DO ZĘBÓW
TOOTHBRUSH

LUSTRO
MIRROR

ŁÓŻKO
BED

SZKLANKA
GLASS

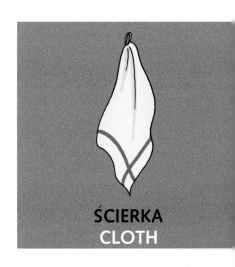

ŚCIERKA
CLOTH

Co to jest?
What is it?

Do czego?
What is it used for?

CZESAĆ
TO COMB

PRASOWAĆ
TO IRON

BRAĆ PRYSZNIC
TO TAKE A SHOWER

JEŚĆ
TO EAT

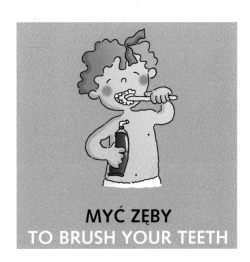

MYĆ ZĘBY
TO BRUSH YOUR TEETH

PRZEGLĄDAĆ SIĘ W LUSTRZE
TO LOOK AT YOURSELF

SPAĆ
TO SLEEP

PIĆ
TO DRINK

CZYŚCIĆ
TO CLEAN

Szkoła
The school

**Ja patrzę, ja patrzę... Coś jest... Jaki kolor?
Żółty! Co to jest? Kurczątko!**

I spy, I spy… Something… What colour is it?
Yellow! What is it? A chick!

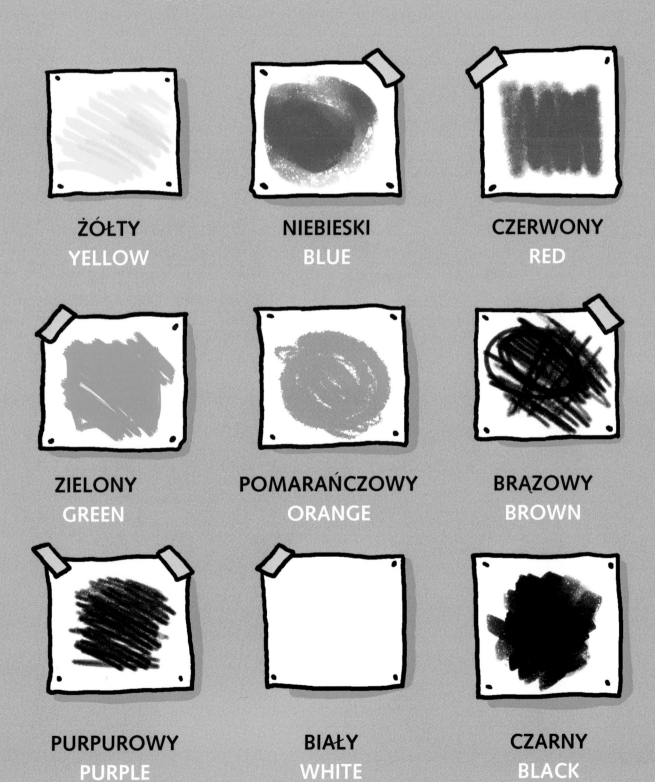

ŻÓŁTY
YELLOW

NIEBIESKI
BLUE

CZERWONY
RED

ZIELONY
GREEN

POMARAŃCZOWY
ORANGE

BRĄZOWY
BROWN

PURPUROWY
PURPLE

BIAŁY
WHITE

CZARNY
BLACK

Nasza klasa
Our classroom

KOMPUTER
COMPUTER

GĄBKA DO TABLICY
DUSTER

GUMKA
ERASER

RYLEC
BURIN

KREDA
CHALK

PIÓRNIK
PENCIL CASE

KLATKA
CAGE

KARTKA
SHEET OF PAPER

KLEJ
GLUE STICK

ŚLINIACZEK
BIB

PIÓRO
PEN

KRZESŁO
CHAIR

KREDKA WOSKOWA
WAX CRAYONS

CHOMIK
HAMSTER

ZESZYT
NOTEBOOK

MALOWIDŁO ŚCIENNE
MURAL

STÓŁ
TABLE

PĘDZEL
PAINTBRUSH

TEMPERÓWKA
PENCIL
SHARPENER

FARBY
PAINTS

AKWARIUM
FISHTANK

TABLICA
BLACKBOARD

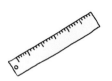

OŁÓWEK
PENCIL

TECZKA
FOLDER

PLASTELINA
MODELLING PASTE

LINIJKA
RULER

NOŻYCZKI
SCISSORS

PÓŁKA
SHELF

Nasz plac zabaw
Our playground

PIŁKA
BALL

KANAPKA
SANDWICH

FONTANNA
FOUNTAIN

ŁAWKA
BENCH

HUŚTAWKI
SWINGS

SŁUPEK BRAMKA
GOALPOST

ŚLIZGAWKA
SLIDE

BĄK
SPINNING TOP

GWIZDEK
WHISTLE

KULECZKI
MARBLES

WODA
WATER

DRZEWO
TREE

KARTY Z OBRAZKAMI
PICTURE CARDS

YO-YO
YO-YO

SAMOLOT Z PAPIERU
PAPER PLANE

PLECAK
BACKPACK

GRABIE
RAKE

LIŚCIE
LEAVES

PIASEK
SAND

SKAKANKA
SKIPPING ROPE

RĘKAWICZKI
GLOVES

KOKARDKA
BOW

ŁOPATKA
SHOVEL

MAŁY PTASZEK
LITTLE BIRD

DONICZKA
FLOWERPOT

WIADRO
BUCKET

PIERŚCIENIE
HOOPS

OKULARY
GLASSES

Szkoła
The school

NAUCZYCIEL
TEACHER

SĘDZIA
REFEREE

BRAMKARZ
GOALKEEPER

SKOCZYĆ
TO JUMP

PŁAKAĆ
TO CRY

ŚMIAĆ SIĘ
TO LAUGH

ODBIJAĆ
TO BOUNCE

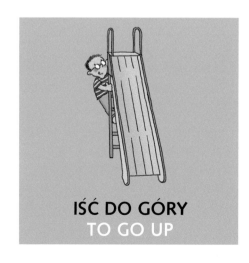

IŚĆ DO GÓRY
TO GO UP

ZJEŻDŻAĆ NA DÓŁ
TO GO DOWN

Co oni robią?
What do they do?

Jak oni są?
How are they?

Gdzie jest?
Where is it?

RZUCIĆ
TO THROW

BIEGAĆ
TO RUN

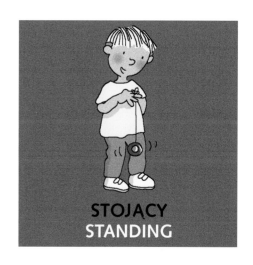

STOJĄCY
STANDING

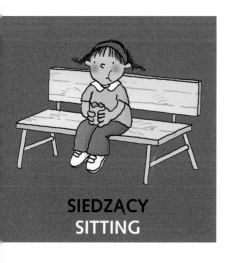

SIEDZĄCY
SITTING

NA KOLANACH
ON YOUR KNEES

DO GÓRY
UP

DO DOŁU
DOWN

WEWNĄTRZ
INSIDE

NA ZEWNĄTRZ
OUTSIDE

Wielke miasto
The city

Znajdź te kształty na obrazku:
Find these shapes in the picture:

KOŁO
CIRCLE

KWADRAT
SQUARE

TRÓJKĄT
TRIANGLE

PROSTOKĄT
RECTANGLE

Jaki jest kształt...?
What is the shape of a...?

DACH
ROOF

KOŁO
WHEEL

NAZWA
SIGN

TORBA
BAG

Cola

Nasza ulica
Our street

BUDYNEK
BUILDING

BANK
BANK

ZEBRA
ZEBRA CROSSING

CHODNIK
PAVEMENT

JEZDNIA
ROAD

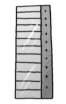

DRAPACZ CHMUR
SKYSCRAPER

PRZYSTANEK AUTOBUSOWY
BUS STOP

SKLEP
SHOP

KOŚCIÓŁ
CHURCH

DZWON
BELL

ŚWIATŁA RUCHU DROGOWEGO
TRAFFIC LIGHTS

LATARNIA ULICZNA
STREET LAMP

MARKIZA
AWNING

RESTAURACJA
RESTAURANT

PARK
PARK

POMNIK
MONUMENT

BUDKA TELEFONICZNA
PHONE BOX

KANAŁ
SEWER

SKRZYNKA POCZTOWA
POSTBOX

HOTEL
HOTEL

SZPITAL
HOSPITAL

PRZEPIS DROGOWY
TRAFFIC SIGN

KIEROWCA
DRIVER

PIESZY
PEDESTRIAN

RATUSZ
TOWN HALL

TEATR
THEATRE

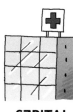

BIBLIOTEKA
LIBRARY

KINO
CINEMA

Podróż
The trip

AUTO
CAR

MOTOCYKL
MOTORBIKE

WÓZ STRAŻACKA
FIRE ENGINE

KIEROWNICA
STEERING WHEEL

ROWER
BICYCLE

KASK
HELMET

KIEROWNICA
HANDLEBARS

SIODEŁKO
SADDLE

PARKING
CAR PARK

WALIZKA
SUITCASE

SAMOLOT
AEROPLANE

POCIAG
TRAIN

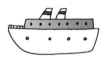

STATEK
SHIP

METRO
UNDERGROUND

AMBULANS
AMBULANCE

AUTOBUS
BUS

TAKSÓWKA
TAXI

DZWIG
CRANE

HELIKOPTER
HELICOPTER

GARAŻ
GARAGE

MINIBUS
VAN

PAS BEZPIECZEŃSTWA
SEAT BELT

PEDAŁ
PEDAL

WAGON
CARRIAGE

OKNO
WINDOW

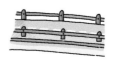

SZOSA
HIGHWAY

MASZYNISTA
TRAIN DRIVER

CIĘŻARÓWKA
LORRY

Kim chcesz zostać jak dorośniesz?
What would you like to do when you

ARCHITEKT
ARCHITECT

ŚMIECIARZ
REFUSE
COLLECTOR

PORTIER
CONCIERGE

LISTONOSZKA
POSTWOMAN

INFORMATYK
IT SPECIALIST

DETEKTYW
DETECTIVE

APTEKARZ
PHARMACIST

FRYZJER
HAIRDRESSER

KELNER
WAITER

SPRZEDAWCA
SHOPKEEPER

...w up?

MALARZ POKOJOWY
PAINTER

PISARZ
WRITER

OGRODNIK
GARDENER

ZAMIATACZ
STREET
SWEEPER

BALERINA
DANCER

KUCHARZ
COOK

POLICJANT
POLICEMAN

MECHANIK
MECHANIC

FOTOGRAF
PHOTOGRAPHER

PIELĘGNIARKA
NURSE

LEKARZ
DOCTOR

AKWIZYTOR
SALESMAN

AKTOR
ACTRESS

DZIENNIKARZ
JOURNALIST

MUZYK
MUSICIAN

NAUKOWIEC
SCIENTIST

SPIEWAK
SINGER

TAKSÓWKARZ
TAXI DRIVER

Sporty
Sports

SKOKI WZWYŻ
HIGH JUMP

SKOKI W DAL
LONG JUMP

BIEG PRZEZ PŁOTKI
HURDLES

WSTĘGA GIMNASTYCZNA
GYMNASTICS RIBBON

ŁYŻWIARSTWO
ICE SKATING

JEŹDZIĆ NA WROTKACH
ROLLER SKATING

KOSZ
BASKET

CZEPEK KĄPIELOWY
SWIMMING CAP

KOSZYKÓWKA
BASKETBALL

KLAPKI
FLIP-FLOPS

DRES
TRACKSUIT

MATA
MAT

PIŁKA NOŻNA
FOOTBALL

GIMNASTYKA
GYMNASTICS

KOZIOŁEK
SOMERSAULT

STANIE NA RĘKACH
HANDSTAND

NAKOLANNIKI
KNEE PADS

TENIS
TENNIS

WROTKI
ROLLER SKATE

SIATKÓWKA
BEACH VOLLEYBALL

PING-PONG
PING-PONG

KOSTIUM KĄPIELOWY
SWIMSUIT

JUDO
JUDO

GRACZ
PLAYER

TRYKOT
LEOTARD

PŁYWANIE
SWIMMING

SIATKA
NET

RAKIETA
RACKET

Wielke miasto
The city

POCZEKAĆ NA AUTOBUS
TO WAIT FOR THE BUS

TELEFONOWAĆ
TO MAKE A PHONE CALL

PRZECHODZIĆ PRZEZ ULICĘ
TO CROSS

PROWADZIĆ AUTO
TO DRIVE

PARKOWAĆ
TO PARK

PŁYNĄĆ
TO SAIL

JECHAĆ POCIĄGIEM
TO GO BY TRAIN

JECHAĆ ROWEREM
TO RIDE A BICYCLE

POKAZAĆ
TO POINT

...kiedy podróżujemy?

...when we travel?

...kiedy uprawiamy sport?

...when we play sports?

...kiedy jesteśmy dorośli?

...when we are adults?

ZDOBYĆ PUNKTY
TO SCORE

ODPOCZYWAĆ
TO REST

POCIĆ SIĘ
TO SWEAT

KOPNĄĆ
TO SHOOT

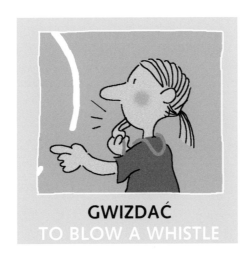

GWIZDAĆ
TO BLOW A WHISTLE

PRACOWAĆ
TO WORK

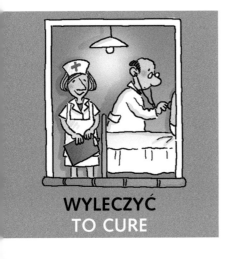

WYLECZYĆ
TO CURE

BADAĆ
TO INVESTIGATE

GOTOWAĆ
TO COOK

Zwierzęta i rośliny

 **JEDEN**
ONE

 **DWA**
TWO

 **TRZY**
THREE

CZTERY
FOUR

 PIĘĆ
FIVE

 SZEŚĆ
SIX

SIEDEM
SEVEN

 **OSIEM**
EIGHT

DZIEWIĘĆ
NINE

DZIESIĘĆ
TEN

Ile jest?

How many are there?

 **WEWIÓRKA**
SQUIRREL

 **MYSZ**
MOUSE

 **JASZCZURKA**
LIZARD

 **MOTYL**
BUTTERFLY

 **BIEDRONKA**
LADYBIRD

 **SOSNA**
PINE

 **RÓŻA**
ROSE

 **TULIPAN**
TULIP

 **STOKROTKA**
DAISY

 **BEZ**
LILAC

Chodźmy na farmę
Let's go to the farm

KURA
HEN

KOŃ
HORSE

KOZA
GOAT

KOGUT
COCK

TRAKTOR
TRACTOR

KONEWKA
WATERING CAN

MOTYKA
HOE

TACZKA
WHEELBARROW

ROLNIK
FARMER

STAW
POND

KURCZATKO
CHICK

KACZKA
DUCK

ŚWINIA
PIG

OSIOŁ
DONKEY

KRÓLIK
RABBIT

OWCA
SHEEP

KROWA
COW

ŻABA
FROG

KURCZAK
TURKEY

KOT
CAT

BARANEK
LAMB

POLE
PLOUGHED
FIELD

**STRYCH NA
SIANO**
HAYLOFT

**OGRÓD
WARZYWNY**
VEGETABLE GARDEN

GĘŚ
GOOSE

CHLEW
PIGSTY

**PODWÓRZE
GOSPODARSKIE**
FARMYARD

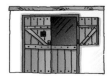
STAJNIA
STABLE

Chodźmy do zoo
Let's go to the zoo

LEW
LION

LAMPART
LEOPARD

NIEDŹWIEDŹ BRĄZOWY
BROWN BEAR

NIEDŹWIEDŹ POLARNY
POLAR BEAR

PANTERA
PANTHER

TYGRYS
TIGER

RENIFER
REINDEER

SŁOŃ
ELEPHANT

NOSOROŻEC
RHINO

GORYL
GORILLA

HIPOPOTAM
HIPPO

ZEBRA
ZEBRA

ŻYRAFA
GIRAFFE

PANDA
PANDA BEAR

KOALA
KOALA

MAŁPA
MONKEY

ORZEŁ
EAGLE

SĘP
VULTURE

GNIAZDO
NEST

BOCIAN
STORK

SOWA
OWL

PAPUGA
PARROT

KANGUR
KANGAROO

PINGWIN
PENGUIN

WIEŁBLĄD
CAMEL

WĄŻ
SNAKE

GOŁĄB
PIGEON

WRÓBEL
SPARROW

Chodźmy do akwarium
Let's go to the aquarium

REKIN
SHARK

MORENA
MORAY

RAJA
RAYFISH

BŁAZENEK
CLOWNFISH

ŻÓŁW
TORTOISE

**GWIAZDA
MORSKA**
STARFISH

JEŻOWIEC
SEA URCHIN

KAŁAMARNICA
SQUID

OŚMIORNICA
OCTOPUS

MEDUZA
JELLYFISH

MAŁŻ JADALNY
MUSSEL

DORSZ
HAKE

SOLA
SOLE

WODOROST
SEA WEED

KRAB
CRAB

SARDYNKA
SARDINE

HOMAR
LOBSTER

MIĘCZAK JADALNY
CLAM

WATŁUSZ
COD

ŚLIMAK JADALNY
WINKLE

KREWETKA
PRAWN

SKAŁOCZEP
LIMPET

FOKA
SEAL

ORKA
KILLER WHALE

DELFIN
DOLPHIN

FOKA
SEAL

WIELORYB
WHALE

MORS
WALRUS

Zwierzęta i rośliny
Animals and plants

MĘŻCZYZNA
MAN

KOBIETA
WOMAN

PIES
DOG

RYBA
FISH

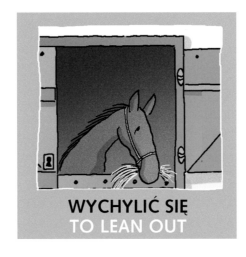

WYCHYLIĆ SIĘ
TO LEAN OUT

SADZIĆ
TO SOW

PŁYWAĆ
TO SWIM

WEJŚĆ
TO GO IN

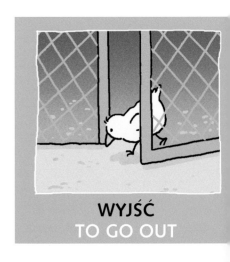

WYJŚĆ
TO GO OUT

Kto to jest?
Who is it?

Jakie zwierze?
What animal is it?

Co robią?
What do they do?

OTWORZYĆ
TO OPEN

ZAMKNĄĆ
TO CLOSE

KARMIĆ
TO FEED

LATAĆ
TO FLY

POWIEDZIEĆ HEJ
TO SAY HELLO

SZCZEKAĆ
TO BARK

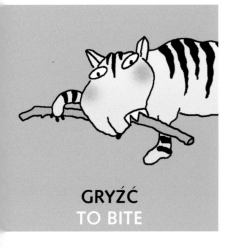

GRYŹĆ
TO BITE

WSPINAĆ SIĘ
TO CLIMB

SPACEROWAĆ
TO TAKE A STROLL

POLSKI

ENGLISH

A
B
C
D
E
F
G
H
I
J
K
L
M
N
Ñ
O
P
Q
R
S
T
U
V
W
X
Y
Z

A
B
C

D
E
F
G
H
I
J
K
L
M
N
Ñ
O

P
Q
R
S
T
U
V
W
X
Y
Z

A
B

C
D

E
F

G
H

I
J
K

K
L

M
N
Ñ

O
P

Q
R
S

T
U
V
W
X
Y
Z

A
B
C
D
E
F
G
H
I
J
K
L
M
N
Ñ
O
P
Q
R
S
T
U
V
W
X
Y
Z

A
B
C
D
E
F
G
H
I
J
K
L
M
N
Ñ
O
P
Q
R
S
T
U
V
W
X
Y
Z

First published in the UK in 2008 by Wayland

© Cromosoma, SA y Televisió de Catalunya, 2008
© Grupo Editorial Bruño, S.L., 2008

Wayland
338 Euston Road
London NW1 3BH

Wayland Australia
Level 17/207 Kent Street
Sydney NSW 2000

Illustrations: from the original drawings of Roser Capdevila
Text: Isabel Carril
Translation into English: John Liddy

ISBN 9780750256933
ISBN Cromosoma: 978-84-92419-20-3

Wayland is a division of Hachette Children's Books,
an Hachette Livre UK company.